AF586422

RÉFLEXIONS SUR LA RÉVOLUTION DE LA FRANCE.

(*La première partie de ces Réflexions a été faite au mois de Mai, et l'autre au mois de Juillet* 1815.)

La Révolution, ou plutôt la révolte de la France contre Dieu et contre le Roi, fomentée et préparée de longue main par les mécréans, les impies, les matérialistes, et les antichrétiens, a éclatée de la manière la plus terrible dans cette Assemblée très-illégale de soi-disant Etats-Généraux, et dans laquelle, plus illégalement encore, le Roi accorda à un tas d'hommes déparvés, une double représentation, sous la dénomination de Tiers-Etat, quoique la majorité de ces hommes n'eussent aucuns titres pour représenter et former le tiers ou troisième ordre de l'Etat. Car ce troisième ordre devait être composé des Députés des Parlemens, des Baillages, des Sénéchaussées et autres corps de justice.

Cette Assemblée illégale et monstrueuse dans sa formation, a été le piége le plus cruel, le plus désastreux que l'on put tendre à Louis XVI, à tous les Rois et Souverains de l'Europe. Tous ont donné dans ce piége sans en connaître l'étendue et l'énormité; plusieurs par esprit d'intérêt, de jalousie, de vengeance, ou tout au moins d'insouciance, ne pouvant se persuader que cette révolte put leur être préjudiciable. Ils ont enfin commencé à la craindre en 1813, et ont voulu la détruire en 1814; mais les Puissances coalisées, ainsi que Louis XVIII, n'ont pas encore connu et apprécié, même alors, l'étendue et l'énormité de cette révolte (je ne dis pas de tous les Français contre leur Roi, mais d'une trop grande quantité de Français). On les vaincra, sans doute, mais on ne les convertira pas; Louis XVIII ne se les attachera jamais. Qu'est-ce qu'il pouvait faire de plus que d'en laisser la majorité dans les places qu'ils occupaient, et d'avoir assuré aux acquéreurs la paisible jouissance de leurs frauduleuses et injustes acquisitions. Quel usage en ont-ils fait? Toute la France sait, et Louis XVIII ne peut ignorer, que ce sont les révolutionnaires, les révoltés, bien plus nombreux qu'on ne pense, et les acquéreurs qui ont rappelé *Bonaparte*, soudoyé l'armée et tous ses chefs.

Dans une telle crise, dans une telle immoralité et perversité d'idées soi-disant libérales, tendantes toutes à un boulversement général, à l'anarchie ou à la tyrannie la plus affreuse, les demi-moyens ne sont plus admissibles ; aux grands maux, les grands remèdes. D'ailleurs, c'est un principe de droit, qu'il faut se *libérer avant d'être libéral*; qu'on ne peut être libéral au préjudice d'un tiers, et donner ce qui ne nous appartient pas.

Il est beau, sans doute, de pardonner, mais il faut être juste ; Dieu lui-même, dont la bonté est infinie, ne fait grâce qu'au vrai repentir.

Louis XVIII a voulu imiter Henri IV ; mais quelle différence entre les ligueurs et les révoltés du dix-huitième siècle, qui préconisent l'absurde souveraineté du peuple, pour être seuls souverains ? Quelle différence entre accorder des grâces, des faveurs, patrimoine de tous, sans l'être en particulier de personne, ou déranger l'ordre des propriétés, et légaliser, maintenir les plus grandes injustices, préjudiciables à un tiers grièvement lésé. Ordre et justice, il faut en revenir là : sans l'ordre et sans la justice, rien ne peut être stable dans un Etat.

Louis XVIII doit remonter sur son trône, je l'espère bien, mais s'il adopte encore ce nouvel ordre de choses, s'il laisse subsister sa charte royale et trop constitutionnelle, notamment les deux fameux articles qui, je ne dis pas légitiment et justifient, car la chose est impossible, mais qui maintiennent et légalisent la spoliation de l'Eglise, des Hôpitaux, et des Emigrés. Alors je crains que perdant la

France, Louis XVIII ne perde une troisième fois sa couronne. Supposant même (ce qui doit arriver) la déchéance ou la destruction de *Bonaparte*, qui n'est qu'un *manequin* pour les révoltés. Qu'est-ce qui peut calculer les ressources des malveillans, soit par le rétablissement d'une République, soit par l'élection d'un autre Chef. Ce que l'on peut assurer, c'est que comme de véritables serpens, ils se tourneront et se retourneront dans tous les sens.

Voilà ce qu'ils osent dire et publier hautement : « Si les Puissances étrangères et » coalisées nous forcent une seconde fois à » recevoir le Comte de Lille, ce ne sera » pas pour long tems ; ces puissances sortiront de France, et son règne ne durera » pas trois mois. » J'espère que cela n'arrivera pas, mais on peut être assuré qu'ils le tenteront, et ne se rebuteront pas facilement.

A l'imitation du gouvernement anglais, Louis XVIII a établi les deux Chambres. Le premier essai qu'il en a fait ne lui a pas été favorable ; un second essai peut lui réussir un peu mieux, parce qu'alors les deux Chambres seront établies et formées de nouveau ; mais toujours est-il à craindre qu'il ne se trouve dans la seconde Chambre, comme en Angleterre, et peut-être plus qu'en Angleterre, de fortes oppositions ; car tout le monde sait qu'il y arrive des émeutes, et que ce gouvernement est souvent forcé d'y acheter les suffrages. Ces deux Chambres, quoiqu'on fasse, seront toujours une suite de la Révolution; elles y rappelleront sans cesse, et il serait bien à souhaiter qu'il n'en resta pas vestige, et qu'on put en perdre jusqu'au souvenir. Dans les premiers momens, l'esprit révolutionnaire n'y dominera peut-être pas; mais il s'y conservera, il y fermentera, et tôt ou tard, suivant les circonstances, il y éclatera d'une manière terrible; on peut en juger par tout ce qui a été dit, écrit et fait depuis trente ans et plus.

Les Rois ont eu à se plaindre des Parlemens; ils avaient le droit de remontrances; quand ils en ont fait de justes, c'était au Roi et à son Conseil à y faire attention; mais enfin elles devaient avoir un terme, et il était aisé de les maintenir dans le respect et l'obéissance dûs au Trône. Ils n'ont jamais eu le droit de cesser de rendre la justice; alors, ils méritaient d'être punis; et lorsqu'ils ont donné collectivement ou séparément leur démission, le Roi était en droit de nommer à leurs places, sans nuire ni détruire l'ordre établi. Cet ordre, aussi ancien que la Monarchie, malgré les inconvéniens inséparables de tous établissemens humains, malgré les maux qu'il n'a pas empêché ou qu'il a occasionné, pouvait être préférable à un ordre nouveau, suite de la Révolution, et qui y rappellera toujours,

Personne, sans doute, ne doit être persécuté pour ses opinions religieuses; mais, enfin, la Religion Catholique doit être établie, et reconnue la Religion de l'Etat, par conséquent la Religion dominante. Elle doit être respectée de tous, même de ceux qui n'y croient pas et ne la pratiquent pas, quelque nombreux qu'ils soient; elle doit être dotée et non stipendiée; et comment le Roi de France, le fils aîné de l'Eglise, pourra-t-il la doter s'il ne la fait rentrer dans tous ses domaines? Comment pourra-t-il indemniser les Hôpitaux et indemniser les Emigrés? C'était le vœu de son cœur paternel, comment pourra-t-il le satisfaire? Les indemnités pour les Emigrés ont été l'an dernier démontrées impossibles; il n'est donc d'autres moyens praticables et justes, que d'annuler toutes les ventes constitutionnelles; il y aura une grande quantité de mécontens, cela est vrai, mais le Roi en abandonnant aux acquéreurs ce qu'ils avaient mal acquis, les a-t-il rendu contens? ont-ils resté tranquilles? On en a vu la preuve. Que le Roi fasse un appel à toute sa Noblesse; ne l'a-t-elle pas toujours servi fidèlement? qu'il s'en entoure, et il n'aura rien à craindre des malveillans; qu'il anoblisse ceux de ses sujets qui lui ont donné des preuves de fidélité et d'attachement, et qu'il laisse végéter cette nouvelle noblesse révolutionnaire et bonapartiste, comblée de grades et des titres. Elle a été brave, cela est vrai, mais dans un sens bien contraire à la Religion, à la fidélité due au Monarque, et par conséquent au véritable honneur.

Qu'il me soit ici permis d'invoquer et consulter les mânes des Bayards et anciens Chevaliers français, pour connaître quelle est leur opinion sur l'honneur et la bravoure de tous ceux qui ont servi la révolution, *Bonaparte*, ou pour mieux dire, *la révolte contre Dieu* et *contre le Roi*. Eh! qui en pourrait douter d'après celle qu'ils eurent et manifestèrent au Duc de Bourbon, combattant contre François I.er, et le faisant ou contribuant à le faire prisonnier à Pavie. L'un lui dit, que s'il entrait dans son château il y mettrait le feu comme ayant été déshonoré par sa présence, et Bayard (sur l'état duquel le duc de Bourbon voulut s'apitoyer) lui dit : « qu'il s'estimait » heureux de mourir fidèle *à Dieu* et *à son* » *Roi.* »

Ah! puissions nous dire un jour comme dans le pseaume 84 de David, verset 11. *Misericordia et veritas obviaverunt sibi, pax et justitia osculatæ sunt.* La miséricorde et la vérité vont enfin se rencontrer, la justice et la paix vont s'embrasser mutuellement : ou enfin ce qui est la même chose *Rex erit bonus Rex erit justus.* LOUIS XVIII sera bon et il sera juste. Car, enfin, peut-il y avoir un véritable accord entre le vice et la vertu, entre l'homme retenant son vol, et l'homme volé; entre le républicain dans l'ame, fier et enrichi de sa révolte, et le vrai Royaliste, non humilié, mais ruiné. Que la miséricorde et la justice régnent ensemble, alors on pourra crier : *pax, pax, et erit pax.*

Les réflexions ci-dessus étaient écrites au mois de mai, les troubles de la Vendée et la révolte très-prolongée de la ville de Nantes, en ont retardé l'impression.

La proclamation du Roi, datée de Cambray, le 28 juin 1815, signée Louis, et plus bas, le prince Talleyrand, vient de paraître.

Dans cette proclamation le Roi s'exprime en ces termes : « Si les acquéreurs ont » conçu des inquiétudes, la charte aurait dû » suffire pour les rassurer ; n'ai-je pas moi- » même proposé aux Chambres et fait exé- » cuter des ventes de ces biens ; cette preuve » de ma sincérité est sans réplique. »

Serait-il possible, pourrait-on juger par cette proclamation, que le Roi fut toujours dans l'intention de laisser subsister sa charte, et les deux fameux articles qui, *sans justifier*, légalisent et rendent irrévocables les ventes des domaines, soit disant nationaux? je dis soi-disant nationaux, parce que dans la vérité, que l'on ne détruira jamais, ces domaines n'ont jamais appartenus à la nation, ils n'ont jamais appartenus aux révoltés qui les ont vendus ; ils n'ont eu sur ces domaines d'autre droit que ceux de la scélératesse, de l'impiété, et d'une force armée à laquelle les propriétaires de ces domaines ne pouvaient opposer aucune resistance. La majeure partie de tous ces domaines n'ont même jamais appartenus aux Rois, et les Rois, souverains sans doute, puis suzerains, et protecteurs seulement des propriétés des domaines de leurs sujets, n'en n'ont jamais été les propriétaires. Ils ne pouvaient s'en emparer et les confisquer que pour les crimes de forfaiture et de lèse-majesté. Or, les membres de l'Eglise, les Hôpitaux et les royalistes émigrés, ont-ils été coupables de quelques délits, de quelques crimes; et ces grandes vérités connues de tout l'univers, ne feront-elles aucune impression sur le Gouvernement actuel, et croira-t-il toujours devoir être injuste par circonstance? On ne peut en agir ainsi contre les loix immuables de la divinité; les circonstances ne seront jamais rien contre elles; elles seront éternelles, et sans mettre de bornes à la bonté, à la miséricorde de Dieu, les crimes seront éternellement des crimes, et l'injustice des spoliations de l'Eglise, des Hôpitaux et des Emigrés sera éternellement une injustice.

Le Roi, convaincu de ces grandes vérités, pourrait-il une seconde fois, sous le vain prétexte de la tranquillité publique, maintenir et perpétuer cette injustice.

Ce principe incontestable que les propriétés

sont sacrées, sont inviolables, et doivent être respectées, a été reconnu, prononcé et déclaré tel, par cette première assemblée de soi-disant Etats-Généraux. On a donc dû dans tous les tems regarder les propriétés inviolables, et les respecter. En réclamant ce principe, on demande aujourd'hui, et dans les circonstances où nous sommes, car suivant de très-grands écrivains, il faut considérer les circonstances, en faveur de qui doit on le faire valoir? est-ce en faveur de ceux qui, écartant et détruisant ce principe, ont volé, pillé, incendié, mal vendu et mal acquis une masse énorme de propriétés d'autrui, propriétés sacrées et déclarées inviolables? ou est-ce enfin en faveur de ceux qui ont été violemment et injustement volés, pillés, incendiés et massacrés? *Voilà la question.* Le Roi à son second retour en France, remontant sur son Trône et recouvrant ses propriétés, peut-il ne la pas résoudre cette question, en faveur de l'Eglise, des Hôpitaux et des Emigrés?

S'il en était autrement, ne serait-ce pas dire et convenir avec les démagogues, que les Emigrés ont été des révoltés, ou tout au moins qu'ils ont été des imbéciles, qu'ils auraient dû, pour conserver leur vie et leurs propriétés, se déshonorer, prendre part à la révolte contre Dieu, contre le Roi, et dire comme les démagogues l'ont dit et l'ont pratiqué, que *l'insurrection était le plus saint des devoirs*.

O mânes des Bayards et autres Chevaliers français, à de pareils traits reconnaîtriez-vous vos descendans. Je sais que de leur tems la Révolution eût été étouffée, détruite dans sa naissance, ou plutôt qu'elle n'aurait pas eu lieu; mais quelle différence de leurs moyens aux nôtres. La noblesse isolée dans les provinces, éloignée de ses chefs naturels, sans moyens pour se rassembler, et élire un chef assez prépondérant pour être généralement reconnu et la commander; qu'est-ce qu'elle pouvait faire de mieux que sortir individuellement de France, se réunir à ses Chefs naturels, aux Bourbons, et y rentrer avec eux. Nous nous souviendrons toujours avec sensibilité et reconnaissance, de la manière dont nous en avons tous été accueillis. Louis XVIII doit se rappeler son propos de Coblentz, bien gracieux pour nous; qu'il me permette de le répéter ici. Entouré d'une partie de la Noblesse française, cherchant à se persuader qu'il n'était pas sorti de France, ou qu'il y rentrerait bientôt, avec cette bonté, cette grace que nous lui connaissons tous, il nous dit : « *Rome n'est plus* » *dans Rome, elle est toute où je suis.* »

En 1796, à la petite armée de Son Altesse Sérénissime le Prince de Condé, dont je faisais partie, nous avons eu tous l'honneur et le bonheur d'y garder, d'y posséder Louis XVIII, qui était alors notre Roi. Nous le reconnaissions tous pour tel, et il nous reconnaissait tous pour ses loyaux et fidèles sujets. Ce bonheur, de posséder notre Roi, ne fut pas de longue durée. les Puissances auxquelles il résista tant qu'il put, l'obligèrent enfin de nous quitter. C'est parce qu'elles ne voyaient pas alors, comme à présent, que la cause des Bourbons était la cause de tous les Rois.

La Noblesse de France n'a donc pas eu tort de s'émigrer, et le Roi ne permettra pas qu'elle s'en trouve punie par la plus cruelle et la plus injuste spoliation.

On voit par ce qui est dit ci-dessus, que je me suis émigré, que j'ai servi et porté les armes, non pas précisément contre la France, mais contre les révoltés de la France. On voit également, qu'en défendant la cause des émigrés, je défends ma propre cause, mais sans aucun intérêt personnel. Je suis Prêtre, je dessers une Paroisse, et j'ai quatre-vingt-un ans; dans mon état, et à mon âge surtout, l'intérêt personnel est nul; mais mon amour sincère pour le Roi, l'intérêt que je prends à mes semblables, à de braves et loyaux Royalistes, ne s'éteindra jamais.

On a dit ci-dessus que les indemnités pour les Emigrés, ont été l'an dernier démontrées impossibles. Dans l'état de pénurie où le Roi va se trouver par cette seconde et désastreuse révolte (1). Il ne pourra rien pour eux, il ne

(1) Comment se peut-il faire que dans la ville Bordeaux, qui devait s'estimer mille fois heureuse

pourra pas davantage pour l'Eglise. Le Roi qui se glorifie du titre de fils aîné de l'Eglise, peut-il la laisser dans son état de détresse et d'humiliation ? Non, cela n'est pas possible; il est donc de toute justice et de toute nécessité que le Roi annule toutes les ventes constitutionnelles et révolutionnaires des biens de l'Eglise, des Hôpitaux et des Emigrés. Le Roi les a légalisées; oui, mais il ne les a pas légitimées, il ne les a pas justifiées, il n'en a pas le pouvoir. On est toujours en droit de revenir contre une chose injuste. Le Roi ne peut donc pas aujourd'hui aller contre la justice, et résister à la nécessité absolue de détruire, d'annuler toutes ces ventes, et de faire rentrer l'Eglise, les Hôpitaux et les Emigrés dans leurs anciens domaines, dans leurs anciennes propriétés, puisqu'il n'est d'autre moyen de rendre la justice à tous.

Il est aisé de prouver que le Pape n'a point approuvé, n'a point légalisé, ni légitimé la spoliation de l'Eglise de France. Le Pape, quant au temporel, ne pouvait faire aucune loi en France; donc il n'a rien légalisé. Il n'a même pas eu la moindre idée,

---

de posséder dans son sein la Duchesse d'Angoulême, destinée, suivant le cours de la nature, à être Reine de France, il se soit trouvé des hommes assez scélérats, et en assez grand nombre, pour forcer cette brave et vertueuse Princesse d'en sortir, et serait-il possible que ce crime exécrable resta impuni ?

la moindre intention d'y approuver et d'y légitimer la spoliation de l'Eglise; sa conduite ultérieure en est une preuve sans réplique.

Le Pape, comme chef spirituel de l'Eglise, a voulu la rétablir en France; elle y était détruite. Il a trouvé tous les biens temporels tous les domaines dont elle était propriétaire, dilapidés, vendus, et il était dans l'impuissance et dans l'impossibilité d'en faire restituer aucuns. Il a donc composé avec le *premier Consul;* et il a fait absolument avec lui, ce que l'homme faible et désarmé fait avec des voleurs, des assassins, qui lui demandent *la bourse ou la vie.* Il abandonne l'une pour sauver l'autre. Peut-on dire que cet abandon forcé, fait cependant avec une certaine satisfaction, un certain contentement, légitime le vol et la retenue de la bourse?

Le Pape a abandonné forcément la dépouille de l'Eglise pour pouvoir lui donner une ombre de vie, espérant obtenir par la suite quelque chose de mieux, sans toutefois approuver et légitimer cette dépouille, cette spoliation.

La preuve, sans réplique, de tout ce que j'avance et soutiens ici, résulte de la conduite postérieure du Pape, avec *Bonaparte;* il n'a jamais voulu consentir à la spoliation de l'Eglise Romaine. Il en a expliqué toutes les raisons, il a préféré, il a mieux aimé souffrir tout ce qu'on sait qu'il a souffert, et s'exposer à souffrir encore davantage. Or, qu'est-ce que l'Eglise Romaine.? C'est la Mère Eglise, sans doute, mais l'Eglise de France est une partie intégrante de cette mère Eglise; elle ne fait avec elle qu'une seule et même Eglise.

L'Eglise Romaine, proprement dite, et l'Eglise de France, sont donc deux parties distinctes, non séparées de la seule et même Eglise; ce que le Pape n'a pas voulu, n'a pas pu faire pour l'une des parties; il n'a pas voulu, il n'a pas pu le faire pour l'autre partie. La chose est aussi claire qu'il est clair que deux et deux font quatre. Si on voulait en juger autrement, on ferait tomber le Pape dans une horrible et absurde contradiction, et ce qu'on lui attribuerait avoir fait en France n'en serait pas moins absolument nul, puisqu'il a déclaré lui-même, à la face de tout l'univers, qu'il n'était que le gardiataire, le dépositaire et le protecteur des biens de l'Eglise, qu'il n'avait aucun pouvoir pour en aliéner la moindre partie.

De plus, si l'on veut absolument soutenir que le Pape et le Roi ont eu le pouvoir de légitimer, de justifier toutes ces ventes, il faut aussi soutenir qu'il n'existe aucune loi divine qui les prohibe et qui les condamne: que cette première loi gravée par Dieu même, dans le cœur de tous les hommes, *de ne pas faire à autrui ce qu'on ne voudrait pas qui nous fut fait*, est une chimère.

Il faut briser les tables de la Loi Mosaïque, détruire le Décalogue. Car nécessairement il faut en rayer les septième et dixième articles qui regardent le bien d'autrui.

Que le Roi de France ne craigne ni ne cherche à s'attacher tous ces acquéreurs et possesseurs de mauvaise foi, républicains dans l'ame, constitutionnels et révoltés; ils feindront tous d'être Royalistes, et ils ne le seront jamais que par force. Que Louis XVIII les éloigne de sa personne et du Gouvernement; qu'il connaisse enfin toute sa puissance, qu'il en use avec force et avec justice; voilà le vœu général de tous les bons et vrais Français,

Et le vœu particulier du vieux Comte

DUCHAFFAULT,

Chevalier de Saint Louis, Prêtre, desservant la Guionière.

A la Guionière, dans la Vendée, le 20 juillet 1815.

www.ingramcontent.com/pod-product-compliance
Lightning Source LLC
LaVergne TN
LVHW052043160826
845678LV00003B/1499

* 9 7 8 2 3 2 9 6 3 0 1 4 4 *